somos y hacemos
DISCÍPULOS

Gerardo, Nancy y Roberto Reed

somos y hacemos DISCÍPULOS
© 2019 CREED - con permiso de Robert Reed
www.creedendios.com
ISBN: 978-1-9164171-5-1

Por Gerardo, Nancy y Roberto Reed
Diseño, maquetación y arte Jana Borja Taltavull

Se permite copiar y compartir el contenido de este recurso.

¿Por qué la flor en la portada y contraportada?
Esta es una manera de ilustrar nuestro llamado a ser discípulos de Jesús que dan fruto. La experiencia de ser un seguidor y discípulo de Jesús es una aventura de por vida con etapas importantes en el camino. Es útil saber dónde el recurso discípulos puede encajar en el proceso de alentar a las personas a pasar de no conocer a Cristo a encontrarse y crecer en él. La flor en la contraportada incluye ejemplos de recursos para cada etapa de crecimiento, pero quizás quieras usar otros. Las cuatro etapas son:

1. *Semilla* - **PERTENECER** para creer
2. *Raíz* - **SER** un discípulo
3. *Tallo* - **CRECER** como discípulo
4. *Flor* - **IR** y hacer discípulos (transformar)

ÍNDICE

Introducción _____ 5

Prefacio _____ 9

    Paso 1: Seguir a Cristo _____ 17
    Paso 2: Las bases de ser discípulo _____ 19
    Paso 3: La rueda _____ 23
    Paso 4: El Señorío de Cristo _____ 25
    Paso 5: El Espíritu Santo _____ 29
    Paso 6: La Palabra de Dios _____ 31
    Paso 7: La oración _____ 33
    Paso 8: Ser testigo _____ 35
    Paso 9: Vivir en comunidad _____ 37
    Paso 10: El discípulo _____ 39

APÉNDICE

Ayudas prácticas _____ 41

Preguntas más frecuentes _____ 43

Registro del progreso _____ 45

Estudia las Escrituras _____ 49

Listas de oración _____ 51

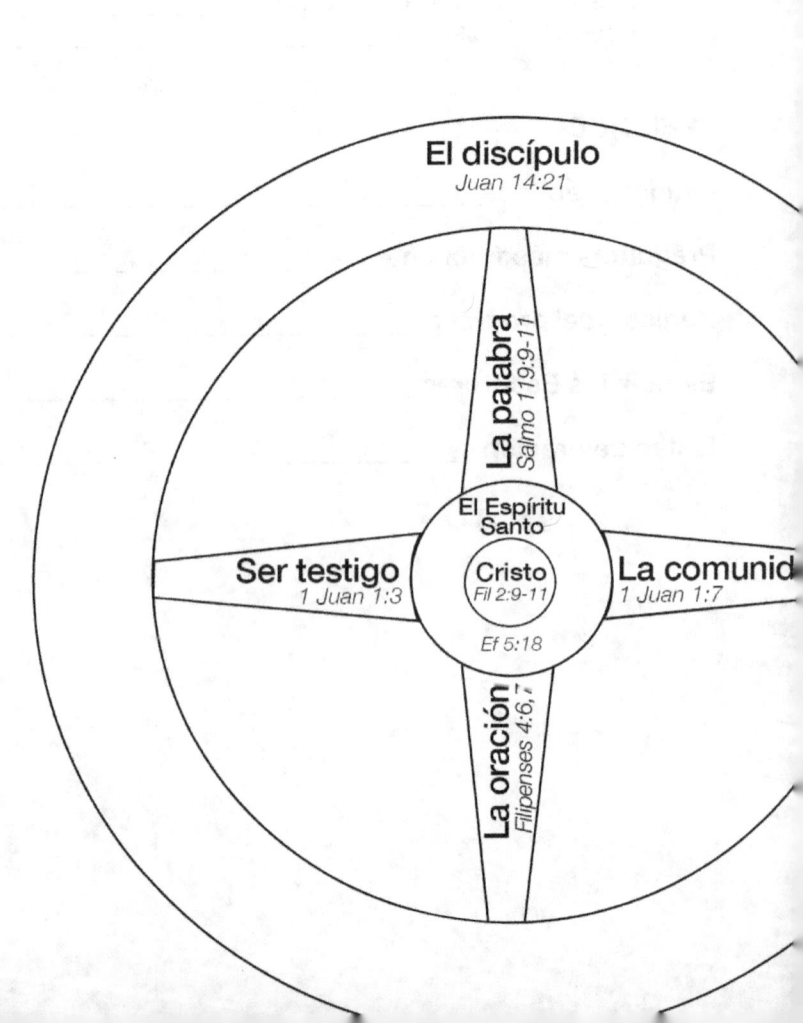

INTRODUCCIÓN

¡Alto! No sigas hasta que hayas leído el **Prefacio**. En el Prefacio advertimos sobre la "trampa de la información" y es importante para que el discipulado sea eficaz. Marca las casillas al completar la lectura y después procésalo en diálogo en grupo. Cuando se pide sacar fotocopias de algo es para que el discipulador lo haga.

☐ *Marca esta casilla cuando hayas leído el Prefacio en las páginas 8 a la 13.*

Resume brevemente lo que has leído: _____
_____
_____
_____
_____

Ahora termina de leer la Introducción.

¡Estupendo! Gracias por leer el Prefacio. Aquí te ofrecemos algunos consejos para ayudarte en el proceso de formar discípulos:

1. Repasa las **Ayudas prácticas para el discipulado** en las páginas 38 y 39 del Apéndice. Encontrarás respuestas a muchas preguntas sobre cómo hacer discípulos.

   ☐ *Marca esta casilla cuando hayas leído las Ayudas prácticas.*

   Resume brevemente lo que has leído: _____
   _____
   _____
   _____
   _____

2. Recomendamos que cada discípulo lea y procese el libro *Restaurado* de **Neil T. Anderson** de un solo tirón antes de iniciar estos encuentros. O mejor aún, que participe en el *Curso de Discipulado de Libertad en Cristo* y haga *Los Pasos Hacia la Libertad* (libertadencristo.org). Les ayudará a profundizar en su identidad en Cristo. También probará su disposición a tratar con el "bagaje" espiritual y emocional que arrastra cada uno. Incrementarán, de este modo, la probabilidad de llegar a ser discípulos que dan fruto y que se reproducen.

3. Busca el **Registro de progreso** en las página 39. Haz copias para cada grupo con el que te vayas a reunir. Apunta el nombre de cada discípulo en los espacios provistos. Al final de cada encuentro, marca hasta dónde habéis avanzado (ocasionalmente no avanzarás en el esquema porque habrá surgido un tema importante en el grupo). Apunta también la fecha del primer encuentro en el lugar que corresponde.

☐ Marca esta casilla cuando hayas leído las Ayudas Prácticas.

4. Recuerda la importancia de hacer preguntas. Las preguntas son tus aliadas. Utilízalas en el discipulado. Las preguntas permiten que tu(s) discípulo(s) hablen y compartan sus impresiones e ideas y planteen sus propias preguntas, las cuales llevarán la conversación en direcciones inesperadas pero importantes.

5. Antes de empezar, llega a un acuerdo sobre la duración de los encuentros. Puedes sugerir probar dos o tres semanas, y luego seguir si los discípulos están de acuerdo. Otra opción para tantear el interés del discípulo/grupo es hacer una copia de cada paso, eliminando el título que lo identifica. De este modo haces ese paso sin sugerir que hay más. Si no hay interés, o si el grupo no funciona, puedes descontinuar los encuentros fácilmente. Evita que la relación flojee a medio camino. Los discípulos necesitan sentir que avanzan, paso a paso, y que todos crecemos juntos. No permitas que los encuentros se extingan sin más; es mejor terminar en firme.

6. Antes de discipular necesitas plantearte una pregunta básica pero que fácilmente se pasa por alto: ¿Qué objetivo o expectativa tienes en mente al discipular a esta(s) persona(s)? Hay diferentes respuestas a esta pregunta.

Las respuestas pueden incluir:

- Proveer una comprensión básica de lo que conlleva la vida cristiana
- Entrenar a nuevos seguidores de Cristo
- Preparar líderes entre los jóvenes
- Levantar líderes para grupos pequeños
- Entrenamiento para plantar una nueva iglesia

- Capacitar a quienes asumirán responsabilidades pastorales
- Adiestrar a quienes trabajan con niños en la iglesia y/o equipar a líderes de alabanza.

En todo lo anterior, el propósito primordial es empoderar a la siguiente generación de discípulos. No hay límites para las posibilidades de aplicación de estos encuentros. Tu objetivo dará un enfoque nítido al proceso de discipulado.

Una vez más, ¿*qué objetivo o expectativa tienes en mente al discipular a esta(s) persona(s)*?

Apunta tu objetivo en la siguiente oración:

Mi propósito en este momento para reunirme con:

_____, _____ y _____,
es: _____
_____
_____
_____
_____

☐ *Marca esta casilla cuando hayas escrito tu(s) objetivo(s).*

7. Recuerda que el nerviosismo que puedas sentir al acercarte a la(s) persona(s) para invitarles a un discipulado puede provenir de nuestro enemigo espiritual. Él no quiere que este proceso poderoso y efectivo comience. Pero tenemos victoria en Jesús. Por lo tanto, ora y ve, pidiéndole al Espíritu Santo que te llene y te use.

PREFACIO

Una historia de nunca acabar
No existe mayor satisfacción que la de saber que Dios te está usando para animar a otra persona a crecer como seguidor de Cristo. Muchos han descubierto la importancia, el gozo y la satisfacción de ayudar a otros en su vida cristiana usando "discípulos". Este prefacio es una adaptación de lo que mis padres escribieron hace décadas.

Mi padre fue quien me discipuló. Marvin Ladner, el empresario que discipuló a mi padre en la universidad, plantó una semilla que continúa creciendo. Primero en el Ecuador, más tarde en México, luego en los EEUU, el proceso de discipulado sencillo pero dinámico que aquí se presenta fue refinándose mientras mis padres entrenaban a líderes laicos para fundar iglesias y pastorearlas. El proceso continúa. Comenzó en español, se tradujo al inglés y ahora hay traducciones en francés, japonés, coreano, lingala, sueco, tagalo, ruso, swahili y Tenyidie (o Angami Naga de Nagaland, India). Pensamos traducir esta edición revisada a otros idiomas.

Al observar la dinámica de "discípulos" en diversos contextos, hemos descubierto que los Encuentros se usan de diferentes maneras. Las páginas que siguen intentan ayudar al discipulador a tener una experiencia positiva.

Discipulado — ¿Qué es eso?
El término discipulado en algunos círculos se ha convertido en sinónimo de enseñanza o educación cristiana. El significado en estos casos es amplio e inclusivo – puede referirse a cualquier tipo de contenido, curso, material de enseñanza... El enfoque de "discípulos" es más limitado y específico. Implica una relación intensiva entre una persona con experiencia y una, dos o tres personas más. También se le puede llamar una relación de mentoría en la que se da una transferencia de sabiduría, conocimiento, experiencia, y visión.

Multiplicación de líderes
Esta forma de discipulado funciona bien en cualquier área de la vida y del ministerio de la iglesia. Una mujer con el don espiritual de misericordia usó estos esquemas para capacitar a otras mujeres para ministrar a ancianas en la Ciudad de México. Asimismo,

cualquiera que tenga la visión de multiplicarse puede utilizar estos bosquejos para entrenar a maestros de educación cristiana, a líderes de alabanza, a plantadores de iglesias…

Unidad y cuidado dentro de la iglesia
Al entrevistar a discipuladores con más de doce años de experiencia en la Ciudad de México, una mujer comentó que el discipulado había tenido el efecto secundario de unir a las personas en vínculos de amistad. Un pastor dijo que en su iglesia el ministerio de discipulado fomentaba el cuidado mutuo entre sus miembros. Cuenta de dos miembros que habían sido conocidos durante 16 años. Ahora, gracias al discipulado, son amigos cercanos y se cuidan mutuamente.

Más que uno a uno
A menudo se identifica erróneamente a este acercamiento personal como discipulado uno-a-uno. Si bien es cierto que a menudo tenemos encuentros de discipulado con una sola persona, el ideal es otro. En realidad, dos o tres discípulos en un grupo ofrecen la mejor dinámica para el discipulado. En ese contexto se experimenta mejor la reciprocidad del cuerpo de Cristo y la vida en comunidad. Cuando hay más de un discípulo en el encuentro, aumenta también el sentido de responsabilidad de cada uno.

¿Discipular o enseñar? ¿Encuentros o clases?
Atención: antes de empezar necesitas tomar una decisión. Debes escoger tu énfasis. ¿Piensas enseñar el contenido de "discípulos"? ¿O vas a discipular a algunas personas usando estos bosquejos para ayudarte en el proceso de discipulado? Si tu énfasis es enseñar el contenido de este material, te pido encarecidamente que lo hagas sin llamarlo discipulado. El discipulado es mucho más que sólo enseñar contenido. Si necesitas un título para enseñar este material, puedes llamarlo Enseñanza de los fundamentos cristianos. En tal caso, tendrás clases y no encuentros. Un encuentro es cuando te reúnes con tu(s) discípulo(s) y con el Señor para crecer mediante la oración, el compañerismo, el ánimo mutuo y el estudio bíblico en el contexto de la vida diaria.

¿Formación o información?
Estos esquemas pretenden promover un acercamiento dinámico al discipulado. El propósito es que los seguidores de Cristo crezcan en su semejanza a Jesucristo. Buscamos la formación de vida y carácter piadosos junto con un conocimiento básico de la Biblia. A modo de comparación - en el contexto del aula, el enfoque es

adquirir conocimiento e información, mientras que en el contexto del discipulado, el enfoque es la formación del carácter cristiano (principios, valores, visión y objetivos) por encima del conocimiento. Por un lado, la información nos enseña que Jesús es el Señor. Por otro lado, el discipulado como formación nos ayuda a experimentar el señorío de Cristo en nuestra vida cotidiana.

En este modelo de discipulado, compartimos la vida en Cristo. Crecemos juntos. Compartimos y enseñamos la visión y el ministerio. Nuestra dependencia del Señor Jesús aumenta y aparece el fruto. Por lo tanto, el discipulado puede implicar cuidado mutuo, evangelismo, plantación de iglesias, oración, adoración y asuntos de justicia y paz.

El contexto ideal para proyectar la visión
Un líder debe tener una visión: una imagen mental del futuro. Visualiza el futuro del ministerio y se emociona con las posibilidades. Sin embargo, la mayoría de visionarios ha descubierto que sus seguidores (discípulos) olvidan la visión dentro de un mes, a menos que la repitan una y otra vez de diferentes maneras. Necesitamos recordar vez tras vez nuestra identidad y propósito central como ministros de reconciliación, empoderados por el Espíritu para hacer discípulos que den fruto y transformen la sociedad. Estos Encuentros proveen el contexto ideal para transmitir la visión y reforzarla durante un período prolongado.

Una vida que impacta a otra
Esta ilustración ayuda a entender cómo una persona impacta a otra mediante el proceso de discipulado.

Cuando María miró su vieja casa de muñecas, recordó cómo su papá había transformado el portón de la casa esa mañana. Él había agarrado una lata del estante, la había abierto, había añadido agua, la había mezclado y había empezado a pintar. Entonces María decidió pintar su casa de muñecas. Ella encontró una lata, añadió agua, mezcló y comenzó a pintar con una brocha la casa de muñecas. Cuando terminó un lado de la casa, dio un paso atrás para admirar su trabajo. Le sorprendió que ¡no había cambiado nada! Cuando su papá vino para ver cuál era el problema, descubrió que había pintado con sólo agua.

María había copiado las acciones de mezclar y pintar, pero no había cambiado el producto final. Le faltaba una sola cosa - el pigmento, el color. Y así sucede con el discipulado. Usar estos bosquejos como material de enseñanza es como pintar con agua. Para que se dé un discipulado verdadero, necesitamos añadir el pigmento de nuestras vidas. El pigmento representa nuestro deseo de ser llenos del Espíritu Santo, pero también nuestra pasión, nuestra visión, nuestro hambre de más de Dios, nuestra debilidad y dependencia del Señor, nuestra honestidad, nuestro anhelo de pureza - todo esto y más. Estas cosas se contagian más fácilmente de lo que se enseñan. Por eso decimos que estos bosquejos son un pretexto para reunirnos.

Tiempo y multiplicación
El fruto del discipulado se hace evidente después de que inviertes tiempo en la relación y dejas que el pigmento de tu vida impacte la vida de tus discípulos (en dependencia del Espíritu Santo). No hay atajos. No es un proceso de diez semanas. En realidad toma entre seis meses y dos años. A menudo hace falta nueve meses para que la relación de discipulado empiece a dar fruto. Al llegar al paso cinco, tus discípulos ya deben tener en mente las personas con las que piensan reunirse de forma regular en sus propios encuentros de discipulado.

Esto significa que tú continuarás animando y ayudando a tus discípulos semanalmente a tener un impacto positivo y duradero en la siguiente generación de discípulos. Idealmente, después de terminar el paso diez y de profundizar juntos en "Estudia las Escrituras" (p.43), tus discípulos habrán avanzado en sus propios encuentros y podrás comenzar con un nuevo grupo de discípulos.

También he tenido decepciones en el discipulado. A veces al principio y otras veces más tarde, alguien abandona el grupo. Algunas personas nunca se reproducen. Estos casos me llevan al Señor en dependencia y debilidad. Sin embargo, los aciertos superan con creces las decepciones. Merece la pena tomar el riesgo de una decepción u otra en el camino. Nunca dejamos de aprender.

Este Prefacio debe servir como guía y no como camisa de fuerza. Pero hay una regla general que debe aplicarse continuamente en el proceso de discipulado: Lo que estoy enseñando, mostrando y demostrando ¿puede transferirse fácilmente? Escuchamos sermones estupendos y hay excelentes talleres y clases que aumentan nuestro conocimiento, pero difícilmente los podríamos transferir a otros. Para poder transferir lo que deseamos, ¡La sencillez es primordial!

Un pretexto para reunirnos. Dado que el proceso de discipulado depende de los factores dinámicos mencionados anteriormente, hacemos todo lo posible para evitar las trampas sutiles que podrían convertirlo en otra clase más o en una pérdida de tiempo. Por lo tanto, estos esquemas se convierten en un pretexto para reunirnos y crecer juntos. Todas las personas involucradas crecen juntas. Ofrecemos sugerencias prácticas en las páginas 37 y 38 que responden a las preguntas más comunes y proporcionan pautas para principiantes.

¿A quién debo discipular?
Esta pregunta siempre surge - ¿a quién debo discipular?
La respuesta:

1. **A nuevos seguidores de Cristo.** En su origen, "discípulos" se escribieron para nuevos creyentes, para que pudieran compartir de inmediato su nueva fe en Jesucristo con familiares y amigos. Responde a la visión de que estos nuevos seguidores de Cristo pronto comenzarían a discipular a sus propios amigos y parientes tan pronto como conocieran a Cristo.

2. **A fervientes seguidores de Cristo.** Sin un sentido claro de dirección y propósito, los seguidores de Cristo jóvenes y fervientes pierden fácilmente la frescura en su caminar con el Señor Jesús. Los Encuentros proporcionan el contexto y el enfoque para un crecimiento continuo y un ministerio lleno de significado.

3. **A cristianos de muchos años.** Los Encuentros proporcionan el marco ideal para que los seguidores de Cristo experimentados organicen su conocimiento y así puedan transmitirlo a otros — especialmente a aquellas personas por quienes están orando. Los bosquejos brindan una oportunidad de renovación para quienes llevan años en la fe pero desean más de Dios. Porque en el discipulado crecemos juntos, tanto los discípulos como el discipulador.

4. **A seguidores de Cristo en potencia.** Recursos como Alpha (alpha.org) y el folleto de Alpha ¿Por qué Jesús? pueden usarse para invitar a las personas a una relación con Cristo antes de usar estos Encuentros de discipulado.

5. **A tus propios hijos.** Mi papá invitó a cada uno de sus hijos adolescentes a desayunar fuera una vez por semana. Fueron momentos maravillosos de conexión. Avanzamos poco a poco por los bosquejos mientras hablábamos del colegio, de los amigos, etc. La idea de invitar a nuestro mejor amigo a unirse al discipulado funcionó estupendamente. Mi papá comenzó conmigo en la escuela primaria — una vez por semana, después de la escuela, salimos a tomar helado. En este caso, sugerimos algo abreviado y más sencillo, y usar las ilustraciones para comunicar los conceptos básicos. Para niños desde la primaria hasta los doce años de edad, te animo a usar la serie de encuentros de Daphne Kirk llamada Vivir con Jesús.
Los encontrarás en www.creedendios.com

Agradecimientos

El lector pronto se dará cuenta de que hay poco de nuevo en estos esquemas. Mis padres, Gerardo y Nancy Reed, redactaron los esquemas originales cuando vivían en el Ecuador. Utilizaron la ilustración de la rueda de los Navegantes para identificar los temas principales. Al ver la adaptación de unos amigos suyos, insertaron la masa de la rueda para representar al Espíritu Santo. Muchos discípulos, discipuladores y colegas cristianos contribuyeron ideas para el desarrollo de esta herramienta.

Al volver a los Estados Unidos mi padre daba clases de evangelismo, discipulado y crecimiento de iglesias en el Seminario North Park en Chicago. Durante varios años mi madre trabajó directamente con los líderes nacionales de iglesias en América Latina, España y la iglesia hispana en EEUU.

Mi padre falleció en la primavera del 2011. Dios utilizó esa época de aflicción para recordarme mi identidad y mi vocación. Él me ama y me llama santo. En Cristo tengo seguridad, aceptación e importancia. Soy llamado a ser un discípulo y a hacer discípulos. El discipulado define mi identidad y mi vocación.

Marv Ladner, el empresario que se tomó el tiempo para discipular a mi padre cuando era estudiante universitario, le dijo: Gerardo, recuerda que cuando llegues al final de tu vida y tu ministerio, lo que contará será el tiempo invertido en la vida de otras personas. Cuando la actividad termine y las cosas caigan por su propio peso, lo que marcará la diferencia serán las vidas transformadas, las personas que viven para el Señor.

Como parte del legado que he recibido de mis padres, ofrezco esta herramienta para ayudar al Cuerpo de Cristo a ser y hacer discípulos. El ser y hacer discípulos es mi identidad y mi vocación. ¡Somos y hacemos discípulos!

Roberto Reed
2020

PASO 1 — *SEGUIR A CRISTO*

¿Qué y cómo es un seguidor de Cristo?

1. Es importante saber lo que creemos y por qué lo creemos. Si alguien te preguntara qué es un seguidor de Cristo, ¿qué le dirías? Comparte por qué crees en Jesucristo y le sigues

2. LEE, DESCUBRE Y COMENTA – Espíritu Santo, muévete entre nosotros mientras leemos, comentamos y aplicamos lo que tu nos enseñas.
¿Qué es la salvación? ¿De qué hemos sido salvados? ¿Para qué hemos sido salvados? ¿Cómo soy salvo?

Lee los textos de la Biblia abajo y comenta. En cada paso, siéntete libre de leer todos o algunos de los pasajes bíblicos dados y de buscar otros.

- Génesis 3, Juan 3 *(compararlos)*
- Romanos 10
- Apocalipsis 3:14-22
- Efesios 2:8-22

¿Qué otros pasajes bíblicos encuentras?
Comenta ¿De qué has sido salvado? ¿Y para qué? (Evitar usar lenguaje religioso)

3. Las Cuatro Certezas

Satanás suele atacar a los nuevos seguidores de Cristo en estas cuatro áreas. Nos defendemos con la Palabra de Dios, igual que lo hizo Jesús. *Véase Mateo 4:4,7,10*

3.1 ☐ La certeza de nuestra salvación
1Juan 5:11-12

3.2 ☐ La certeza de la victoria sobre la tentación
1Corintios 3:13

3.3 ☐ La certeza del perdón
1Juan 1:9

3.4 ☐ La certeza de la provisión de Dios
Juan16:24, Mateo 6:25-34

Folletos como ¿Por qué Jesús? de Alpha, nos ayudan a explicar a otras personas cómo conocer y seguir a Jesús. Busca en **www.alpha.org** o en tu navegador *"Alpha la serie – Episodio 2 - ¿Quién es Jesús?"*.

Deberes

☐ *Busca y mira el vídeo de la "serie de Alpha* ¿Quién es Jesús?"*

☐ *Memoriza** Apocalipsis 3:20 y* ☐ *Romanos 10:9. Puedes memorizar también las Cuatro Certezas.*

Nota:

*Ve a www.alpha.org para registrarte y bajar todos los videos de Alpha para este paso y los demás

**Para memorizar los versículos puedes usar fichas o una app como Remember Me

PASO 2 – LAS BASES DE SER DISCÍPULO

Romanos 1:11-12 — Porque deseo veros y prestaros alguna ayuda espiritual, para que estéis más firmes, es decir, para que nos animemos unos a otros con esta fe que vosotros y yo tenemos. -*Dios Habla Hoy.*

1. Hacer discípulos
1.1 La figura de los dos mares:
A. El Mar Muerto – No permite la vida acuática porque el agua entra pero no sale. *(Seguidores de Cristo que reciben pero no comparten el evangelio y la vida cristiana con otros.)*

B. El Mar de Galilea – Sostiene la vida acuática porque tiene entrada y salida de agua. *(Seguidores de Cristo que comparten a Cristo con otros.)*

1.2 Cuatro Generaciones
A. Cuatro generaciones – un modelo bíblico de la multiplicación. El evangelio y la vida cristiana se comparten de manera sencilla para que pueda transferirse fácilmente desde la primera hasta la cuarta generación.

2 Timoteo 2:2
- 1ª generación – *Pablo*
- 2ª generación – *Timoteo*
- 3ª generación – *Hermanos fieles*
- 4ª generación – *Otras personas*

B. Cuatro generaciones en el Antiguo Testamento *Salmo 78:5-6; Joel 1:3*

2. LEE, DESCUBRE Y COMENTA – *Espíritu Santo, muévete entre nosotros mientras leemos, comentamos y aplicamos lo que tu nos enseñas.*
- Marcos 3
- Juan 15
- 2 Timoteo 2

Comenta
¿Qué es un discípulo? ¿Cómo llamó y entrenó Jesús a sus discípulos? ¿Cómo lo hizo el apóstol Pablo?

¿Cuáles son algunas características de un discípulo?

¿Qué otros textos bíblicos sobre el discipulado has encontrado?

3. La información vs la formación
Mira estos porcentajes.
¿Estás de acuerdo con ellos?
¿Por qué?

- Información *(10% del discipulado)*
- Formación *(90% del discipulado)*

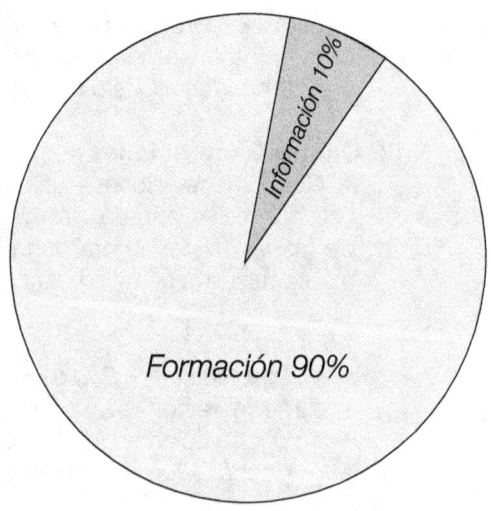

Nota: Compartir información lleva poco tiempo pero la formación del carácter y la identidad es un proceso de por vida. La formación tiene que ver con moldear la identidad y el carácter en Cristo con el fruto del Espíritu de amor, alegría, paz, paciencia, bondad, amabilidad, fidelidad, gentileza y autocontrol (Gálatas 5:22-23)

4.¿Cuáles son los requisitos para ser discípulo según Lucas 14:25-33?
(El uso de contrastes extremos es un recurso literario hebraico.)

5. Identifica diez de los privilegios de ser un discípulo en Juan 15:7-16.

1. _____
2. _____
3. _____
4. _____
5. _____
6. _____
7. _____
8. _____
9. _____
10. _____

6. La relación en el discipulado – La autoridad espiritual no se impone, más bien se gana con el servicio. Una persona en autoridad debe estar también bajo autoridad.

Observa cómo Pablo encomienda a Tito (en Tito 2:5) a actuar con autoridad (Tito 2:15).

Nota además cómo Pablo se sujeta a los apóstoles (Hechos 15:1-2; 16:4 y Gálatas 2:9-10). Reconocemos la autoridad espiritual y escogemos someternos a ella. No se impone.

Deberes
- ☐ *Memoriza 2 Timoteo 2:2 y*
- ☐ *Efesios 2:8-10*
- ☐ *Lee la Epístola a los Efesios*

PASO 3 — *LA RUEDA*

1. Cómo fijar un tiempo diario para estar a solas con Dios
- Habla del ejemplo de Cristo – Marcos 1:32-35 *(Como ejemplo, comparte tu propia experiencia)*

- Empieza con 7 a 10 minutos al día de oración y lectura bíblica. Puedes usar las lecturas en las apps MyBible o YouVersion.

Necesitas: hora, lugar, plan, Biblia, llevar un diario.

2. LEE, DESCUBRE Y COMENTA – Espíritu Santo, muévete entre nosotros mientras leemos, comentamos y aplicamos lo que tu nos enseñas.

Efesios
Fíjate que Pablo organizó Efesios en dos partes *(cap. 1-3 y 4-6)* al igual que otras de sus cartas. ¿Cómo describirías estas partes? ¿Por qué lo hizo Pablo así? ¿Qué importancia tiene para nosotros?

3. La Rueda* – Ilustra cómo conectan entre sí los temas de cada PASO de los "discípulos".
- Cristo – el eje, el centro de la vida – *Filipenses 2:9-11*

- El Espíritu Santo – la masa de la rueda – *Efesios 5:18*

- Los radios verticales - Dios nos habla a través de la Biblia y nosotros le hablamos en oración.
  La palabra – *Salmo 119:9-11: Mateo 4:4*
  La oración – *Filipenses 4:6-7: Juan 15:7*

- Los radios horizontales – En la comunidad cristiana nos acercamos a otros seguidores de Cristo y con el testimonio a los que aún no lo son.
  La comunidad – *1 Juan 1:7*
  El testimonio – *1 Juan 1:3*

- La vida en Cristo – *Juan 14:21: Juan 15:5* – El neumático lo envuelve todo.

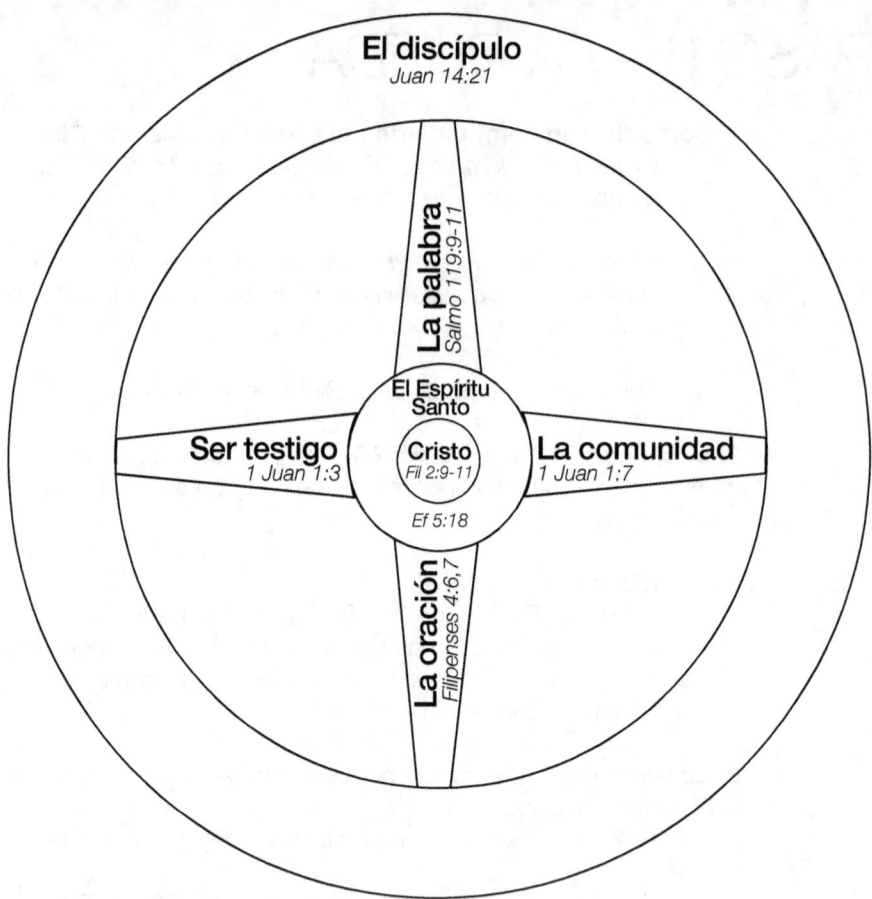

Deberes
- ☐ Memoriza Juan 15:5 y las partes de la rueda
- ☐ Pasa tiempo a solas con Dios. Lee Filipenses
- ☐ Mira la sesión de la "serie de Alpha ¿Cómo puedo tener fe?" en Internet

*Adaptación de la ilustración de la Rueda de los Navegantes

PASO 4 – EL SEÑORÍO DE CRISTO

1. La Biblia se refiere a Cristo como Señor.
La definición de la palabra Señor es dueño de algo, jefe, gobernador, propietario de esclavos, máxima autoridad, rey. La palabra indica posición, control total, máxima autoridad, maestría.
¿Cómo respondes a la pregunta planteada en Lucas 6:46?

2. LEE, DESCUBRE Y COMENTA – Espíritu Santo, muévete entre nosotros mientras leemos, comentamos y aplicamos lo que tu nos enseñas.
- *Lucas 6*
- *Filipenses (con atención en el capítulo 2)*

¿Qué otros pasajes bíblicos encuentras?

¿Qué aprendemos del ejemplo de Jesús en Filipenses 2? ¿Qué quiere decir que toda rodilla se doblará y toda lengua confesará que Jesucristo es el Señor?

Identifica dos o tres áreas en las que te cuesta ceder el control a Jesús como Señor de tu vida.

3.1 Prioridades – *Mateo 6:33*
3.2 Posesiones: ropa, coche… – *Lucas 12:15*
3.3 Estatus social – *Mateo 20:26-28*
3.4 Poder – *1 Pedro 5:5-6*
3.5 Orgullo – *Romanos 12:3*
3.6 Familia – *Lucas 14:26; Mateo 10:37*
3.7 Escapismo: drogas, alcohol – *Efesios 5:18*
3.8 Placer – *Marcos 4:19*
3.9 Egoísmo – *Filipenses 2:3-4*
3.10 Dinero – *Eclesiastés 5:10-11; Salmo 62.10*
3.11 Sexo – *1 Corintios 6.18-20; Mateo 5:27-28*
3.12 Ansiedad – *Romanos 8:28; Filipenses 4:6*
3.13 Buenas obras – *Romanos 4:4-5; Efesios 2:8-10*
3.14 Diezmo – *Malaquías 3:8-10; 2 Corintios 8:1-8; 9:6-8*
3.15 Temor – *2 Timoteo 1:7; 1 Juan 4:4-18*
3.16 Pensamientos – *Filipenses 4:8; Colosenses 3:2*
3.17 Crítica – *Mateo 7:1-3*

3.18 Amargura – *Hebreos 12:14-15*
3.19 La lengua – *Santiago 3:2; Proverbios 26:20-22*
3.20 Envidia – *Proverbios 14:30; 1 Pedro 2:1*
3.21 Mal genio – *Proverbios 16:32; 2 Timoteo 1:7*
3.22 Irresponsabilidad – *1 Corintios 4:2; Mateo 25:14-30*
3.23 Cuidado del cuerpo – *1 Corintios 6:19-20*
3.24 Mentira – *Levítico 19:11; Efesios 4:25*
3.25 Rencor – *Proverbios 10:12; 1 Pedro 3:9*
3.26 Perdón – *Marcos 11:25*
3.27 Otro *(racismo, prejuicios, engaño, explotación…)*

*En el Nuevo Testamento la palabra Salvador ocurre tan sólo 24 veces, mientras la palabra Señor aparece más de 600, con lo que se ve la importancia del señorío de Jesús.

Lee Romanos 12:1-2. ¿Qué significa que Jesús ocupe el trono de tu vida?

¿Quién está sentado en el trono de tu vida?

Cristo en el trono como Señor

Tu en el trono. Cristo como Salvador

Piensa en la idea de entregar todos tus derechos a Dios. Con él como tu defensor, no hay motivo para sentirte ofendido o víctima de alguna injusticia.

Piensa en la idea de entregar a Dios todo lo que tienes
– Génesis 22:1-18
Él cuida y protege lo suyo. Puedes descansar porque no posees nada que otros puedan dañar o robar.

    ¿Qué fue lo que Abraham ofreció a Dios?
    ¿Qué hizo Dios con este sacrificio?
    ¿Confías que Dios te tratará con bondad si le entregas tu vida y tus posesiones?

DEBERES

☐ *Memoriza Filipenses 2:9-11*

☐ *Escoge un área con la que luchas y desarrolla un Demoledor de Fortalezas: Identifica la mentira detrás de tu lucha. Busca 4-5 versículos que declaran la verdad en este área. Escribe una frase que RENUNCIA a la mentira y DECLARA la verdad. Léela en fe durante 40 días. Repite el plan en otras áreas de dificultad. Comparte tu plan en el próximo encuentro.*

☐ *Leer Hechos 1 y 2*

☐ *Mirar los dos vídeos de la "serie de Alpha ¿Quién es el Espíritu Santo?" y "¿Qué hace el Espíritu Santo?"*

*La figura de Cristo o el ego en el trono se ha adaptado del folleto de CRU Inc.
(Antes Campus Crusade for Christ), 1966.*

PASO 5 — *EL ESPÍRITU SANTO*

1. Cada creyente tiene al Espíritu Santo.
    1.1 Sellado con el Espíritu Santo – *Efesios 1:13*
    1.2 El Espíritu Santo da testimonio a nuestro espíritu – *Romanos 8:16*

2. LEE, DESCUBRE Y COMENTA – *Espíritu Santo, muévete entre nosotros mientras leemos, comentamos y aplicamos lo que tu nos enseñas.*
- Hechos 2
- Gálatas 5
- Juan 14:15-31

Responde a estas preguntas:
*   ¿Quién es el Espíritu Santo?*
*   ¿Cuáles son algunos de los símbolos del Espíritu Santo?*
*   ¿Qué hace el Espíritu Santo?*
*   ¿Cuáles son los dones del Espíritu Santo?*
*   ¿Qué es el fruto del Espíritu Santo?*
*   ¿Has experimentado lo que es ser lleno del Espíritu Santo?*

3. La Biblia habla de ser llenos del Espíritu Santo – *Hechos 1:8; Efesios 5:18* Ha habido una variedad de experiencias (Hechos 2:1-4; 8:14-17; 9:17, 18; 10:44-48; 19:1-6).

Compara Hechos 2:1-4 y 4:31 – una experiencia continua.

4. Estamos metidos en un conflicto espiritual *(2 Cor 10:3-5).*
    4.1 Contra el mundo – *1 Juan 2:15-21; Juan 16:33*
    4.2 Contra la carne *(la naturaleza humana)* – *Gálatas 5:16-17; Romanos 8:9-13*
    4.3 Contra el diablo – *1 Pedro 5:7-9; Efesios 6:10-13*
    4.4 Hemos recibido una armadura para defendernos – *Ef 5*

Después de enumerar todas las partes de la armadura, el apóstol Pablo dice — Orad en el Espíritu en todo momento… —
¿Qué quiere decir con esto? ¿Cómo lo hacemos?

Deberes

☐ *Memorizar Efesios 5:18 – Se nos manda — ...sed llenos del Espíritu Santo.*

☐ *Ver el vídeo de la "serie de Alpha ¿Cómo puedo llenarme del Espíritu Santo?" en Internet*

☐ *Fija un tiempo para estar juntos para leer y a poner en práctica estas verdades, tal vez incluso cenar juntos. Orar para ser llenos del Espíritu Santo.*

PASO 6 – *LA PALABRA DE DIOS*

1. ¿Por qué usamos la Palabra de Dios como base de nuestra vida cristiana? — *2 Timoteo 3:16-17; 2 Pedro 1:20-21*

2. LEE, DESCUBRE Y COMENTA – *Espíritu Santo, muévete entre nosotros mientras leemos, comentamos y aplicamos lo que tu nos enseñas.*
- *Salmo 119* — Este salmo, el más largo de la Biblia, se hizo en una forma para ser memorizado. Cada división empieza siguiendo las letras del abecedario hebreo.
- *Mateo 4:1-11*
- *Hebreos 4:12-16*
- *2 Timoteo 3:10-17*

¿Puedes encontrar otros textos bíblicos sobre el tema?

3. Cinco maneras de crecer en la Palabra de Dios y ponerla por obra diariamente:

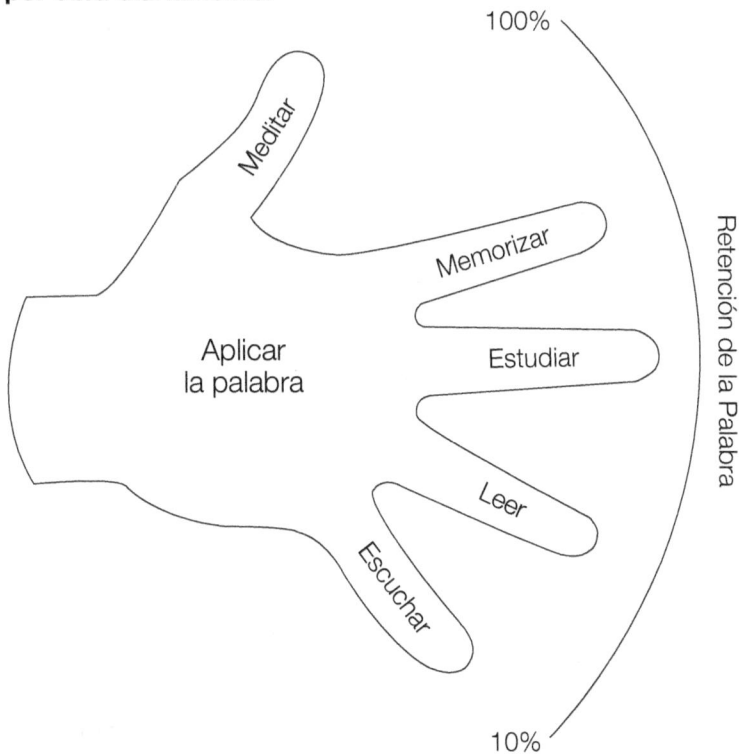

Deberes

☐ *Memorizar los nombres de los libros de la Biblia*

☐ *Memorizar el Salmo 119:9-11*

☐ *Memorizar la Figura de la Mano*

☐ *Ver el vídeo de la ¡serie de Alpha ¿Por qué y cómo debo leer la Biblia?" en Internet*

*Figura adaptada de Los Navegantes

PASO 7 — *LA ORACIÓN*

La oración no es más ni menos que hablar con Dios, un diálogo en que nos expresamos hacia El y le escuchamos. Puedes orar en cualquier tiempo y lugar.

1. Los elementos de la oración en el Padrenuestro *(Mateo 6)*:
Amistad y relación – Padre nuestro…
Confesión – … Perdona nuestros pecados…
Adoración – …santificado sea tu nombre…
Súplica – …venga tu reino… danos hoy…
Abrigo y protección – …líbranos del mal…

(A-C-A-S-A)

2. LEE, DESCUBRE Y COMENTA — *Espíritu Santo, muévete entre nosotros mientras leemos, comentamos y aplicamos lo que tu nos enseñas.*
- *Mateo 6:5-34*
- *Juan 17*
- *Salmo 88*
- *Efesios 1:15-23; 6:10-20*

¿Puedes encontrar otros textos sobre el tema? ¿Qué cosas pueden entorpecer nuestras oraciones?

3. Prácticas de oración
   3.1 Oración Centrante
      https://www.contemplativeoutreach.org/sites/default/files/private/cp-spanish.pdf

   3.2 Comenta sobre otros tipos de oración
      Como referencia puede ser útil el libro "La Oración" de Richard J. Foster.

4. La oración en comunidad
   – Hechos 2:42; 4:31; Mateo 18:19-20; 2 Corintios 7:14

Deberes

☐ *Memorizar Filipenses 4:6-7*

☐ *Elaborar un sistema regular de oración por otros (p. ej. una lista diaria).*

☐ *Ver el vídeo de la "serie de Alpha ¿Por qué y cómo debo orar?" en Internet.*

☐ *Empezar a leer los Salmos, además de himnos y canciones de alabanza; hazte una lista de los varios nombres y descripciones de Dios para usar en la alabanza y la oración.*

☐ *Trazar una línea entre estos textos y las varias respuestas a nuestras oraciones:*

A. *1 Juan 5:14-15*   1. Respuesta demorada – espera

B. *2 Corintios 12:7-9*   2. Respuesta inesperada

C. *Juan 11:1-44*   3. Respuesta afirmativa – sí

D. *Hechos 3:1-10*   4. Respuesta paso por paso

E. *Deuteronomio 7:22*   5. Respuesta denegada – no

PASO 8 — *SER TESTIGO*

1. Modos de testificar
    1.1 Tu vida — *Santiago 1:22*
    Lo que haces habla tan fuerte que no puedo oír lo que dices. — Emerson

    1.2 Tus palabras — *1 Juan 1:3; 1 Pedro 3:15*
        A. Evangelismo directo, p.ej. Usar el vídeo de Alpha *¿Por qué Jesús?* — *2 Timoteo 1:8*
        B. Evangelismo indirecto —*Compartir tu propia experiencia del poder de Dios en tu vida.*

    1.3 Tus oraciones por una necesidad o problema de un amigo – *Hechos 28:8*

2. LEE, DESCUBRE Y COMENTA — *Espíritu Santo, muévete entre nosotros mientras leemos, comentamos y aplicamos lo que tu nos enseñas.*
- *Juan 3*
- *Hechos 8:26-40*
- *2 Corintios 5:11-21*
- *Efesios 2*

¿Puedes encontrar otros textos bíblicos sobre el tema?

3. Cuenta tu historia de fe en Cristo *(1 Juan 1:1-3)*
La historia del apóstol Pablo — *Hechos 26:4-23; 22:1-21.* Se puede dividir su historia en tres partes:

    aC — Tu vida <u>antes</u> de conocer a <u>Cristo</u>. *Hch 26:4-11*
    mC — El <u>momento</u> en que conociste a <u>Cristo</u>. *Hch 26:12-18*
    dC — Su vida <u>después</u> de conocer a <u>Cristo</u>. *Hch 26:19-23*

4. Testigo MISIONAL
    4.1 *Martyria* (griego) se traduce como "testigo". Somos llamados a entregar nuestras vidas en amor a Cristo y a otros, lo que significa ser testigo. *(Nuestra palabra mártir viene de la palabra martyria).*
    4.2 Practicar la justicia, amar la misericordia y humillarte ante tu Dios. — *Miqueas 6:8*

4.3 Testimonio *(martyria)* + Servicio *(diakonía)* + Comunidad *(koinonía)* + Evangelismo *(euangelion)* + Adoración *(liturgia)*

> Nota al 4.3:
> Observamos este orden general en el libro de los Hechos. Nos ofrecemos (testimonio) en amor (servicio) para desarrollar relaciones de confianza (comunidad) para que la gente pueda conocer las buenas noticias de Cristo y su perdón (evangelismo) y juntar sus voces con las nuestras (adoración).
> *¿Qué te parece este orden?*

5. El alcance de nuestro testimonio se ve en las últimas palabras de Jesús en la Gran Comisión *Mt 28.19,20*. Notamos la importancia de estas palabras cuando las comparamos con las primeras que dirigió a sus discípulos en *Mt 4:19*. Recuerda su mandamiento de orar – *Mateo 9:37-38*. El testimonio comienza en casa y se extiende hacia fuera en círculos crecientes hasta alcanzar al mundo entero. – *Hechos 1:8*

Deberes

☐ Memorizar 1 Juan 1:3

☐ Memorizar Miqueas 6:8

☐ *Escribir tu propia historia de fe en Cristo, usando las tres partes mencionadas en la Sección 3 de este Paso. Es posible que tu mC (momento de conocer a Cristo) fuera más un proceso que un momento concreto. Trae copias para repartir en el próximo Paso.*

☐ *Compartir tu historia a alguien. Conviene tener una versión de tres minutos y otra más larga.*

☐ *Ver la sesión de la «serie de Alpha» ¿Por qué y cómo contárselo a otros?"*

☐ *Ver la web: www.transformaralmundo.org y comenta*

PASO 9 – VIVIR EN COMUNIDAD

1. La comunidad es la unidad que existe entre los miembros de un grupo. Tiene que ver con el compañerismo, la asociación amistosa, una experiencia, actividad o interés compartido. La comunidad cristiana es una familia que convive bajo un líder, Jesucristo.

Todos le siguen y se aman, se ayudan y aprenden unos de otros. La iglesia primitiva se reunía en casas particulares.

Observa en el último capítulo de Romanos y en otras epístolas que Pablo saluda a "la iglesia que se reúne en la casa de…" tal o cual persona.

2. LEE, DESCUBRE Y COMENTA – *Espíritu Santo, muévete entre nosotros mientras leemos, comentamos y aplicamos lo que tu nos enseñas.*
- 1 Juan 1
- Romanos 12
- Hechos 2:42-47

¿Puedes encontrar otros textos sobre este tema?

3. Esta es una posible definición de un grupo de comunidad cristiana:
"Un grupo de entre 3 y 15 personas (no importa la edad) que se reúnen cada semana fuera del lugar de culto para experimentar el amor y el poder de Jesús con el propósito de hacer discípulos que a su vez hacen discípulos, con el resultado de la multiplicación del grupo y la transformación de las personas."

Comentar esta definición:
¿Qué aspectos te gustan?
¿Qué partes te desafían?
¿Dónde encuentras estas ideas en la Biblia?
¿Estás viviendo esta definición?

Deberes
☐ Memorizar 1 Juan 1.7
☐ Ver el vídeo de la "serie de Alpha ¿Y qué acerca de la iglesia?" en Internet
☐ Leer "Ekklesía" de Edgardo Silvoso
(www.creedendios.com)

PASO 10 – *EL DISCÍPULO*

1. ¿Cuál es el propósito de la vida?
(Colosenses 1.28; Juan 15.5; Efesios 5.10)

2. LEE, DESCUBRE Y COMENTA – *Espíritu Santo, muévete entre nosotros mientras leemos, comentamos y aplicamos lo que tu nos enseñas.*
- *Juan 14 y 15*
- *Hebreos 12:1-14*
- *Mateo 28*

Comenta sobre la lectura del libro "Ekklesía"
¿Qué significa discipular a personas? ¿Naciones?
¿Qué paso siguiente te lleva Dios a tomar?

3. Algunas cosas que Dios promete a los que le obedecen.
3.1 Bendiciones – *Deuteronomio 28:1-14; Josué 1:8*
3.2 Persecución y sufrimiento – *2 Tim 3:12; 1Pedro 4:12-16*
3.3 Ser amigo de Dios – *Juan 15:14*
3.4 Ser amado por Dios – *Juan 14:21*

Deberes
☐ *Memorizar Juan 14:21*

☐ *Si no lo has hecho todavía, orar y pensar en quiénes van a ser tus discípulos*

☐ *Buscar y ver en internet el vídeo de la "serie de Alpha ¿Cómo puedo aprovechar al máximo el resto de mi vida?"*

AYUDAS PRACTICAS PARA DISCIPULAR

1. Ponte de acuerdo con tus discípulos para encuentros dos a cuatro veces. Cuando se cumple este plazo será el momento de averiguar si quieren continuar.

2. Escoge el punto de partida: el Primer Paso, el Curso Alpha (alpha.org) o el libro Restaurado de Neil T. Anderson.

3. Empieza cada encuentro semanal con oración.

4. Ten los materiales necesarios a mano, p. ej.: los esquemas y las tarjetas para memorizar versículos bíblicos.

5. Como regla general, es mejor ir a donde están los discípulos que esperar a que vengan a donde tú estás. Si son más de uno, opta por la casa o lugar de aquel que tendrá la mayor dificultad en asistir.

6. Reparte los esquemas Paso por Paso – una página a la vez durante los dos primeros Pasos.

7. Ten un sistema de comunicación si alguien no puede asistir.

8. Haz el encuentro alrededor de una mesa para poder escribir y leer la Biblia.

9. Cada encuentro debe durar entre una hora y hora y media.

10. Comparte el liderazgo del grupo. Que hablen todos.

11. Es recomendable que mujeres se reúnan con mujeres y hombres con hombres.

12. Si hay dos o más personas en el grupo y una de ellas falta a un encuentro, que otro discípulo se reúna con esa persona para ponerle al corriente.

13. No des nada por hecho. Es por eso que los esquemas empiezan con lo que significa conocer y seguir a Cristo, y por eso memorizamos Apocalipsis 3:20.

14. No trates de forzar las cosas; deja lugar al Espíritu Santo para que actúe.

15. Mantén un ritmo razonable para el grupo. No hay necesidad de leer todos los pasajes bíblicos. Ten en cuenta las necesidades del grupo y el hecho de que el tiempo es limitado. Da tiempo a que las personas comprendan el material, no sólo la parte teórica sino también la aplicación práctica.

16. Crea una relación personal, no como estudiante y maestro sino de amistad. Toma tiempo de participar juntos en alguna actividad juntos.

17. Conversa sobre problemas cuando se presenten. Ora con tu(s) discípulo(s) y ayúdale(s) a encontrar soluciones prácticas. Si surge un problema urgente, resuélvelo antes de continuar con el encuentro. No tengas reparo en pedir ayuda a otro seguidor de Cristo.

18. Habla francamente de tus propias necesidades espirituales y problemas personales, que no hay quien no los tenga.

19. Repasa los materiales de vez en cuando. Anima al discípulo a presentar o repasar los materiales contigo, o mejor aún, con otra persona.

20. Acuérdate que la información es necesaria, pero la meta es la formación de los discípulos de Cristo.

21. El tiempo con los discípulos debe incluir:
    21.1 Bienvenida — Hola, ¿Cómo estás?- *(Tu comparte primero)*
    21.2 Repaso — *(Deberes, memorización)*
    21.3 Tratar los problemas cuando surgen.
    21.4 Orar
    21.5 Continuar con el encuentros y los esquemas

22. Los discípulos deben escribir los versículos para memorizar en las tarjetas.

23. Antes de terminar el Encuentro, prepárate para el próximo ; anota el punto de cierre en el Registro del Progreso o en otro sitio.

24. Recuerda que el estar involucrado en el ministerio da un claro sentido de dirección todos. Comparte tu vida y las experiencias de la vida y el ministerio en lugar de solamente 'hacer reuniones'.

25. Nunca permitas que la relación con tus discípulos simplemente se esfume. Siempre termina de una manera intencional. Celebra el crecimiento que se ha conseguido.

PREGUNTAS MÁS FRECUENTES

Pregunta. ¿Lo estoy haciendo bien? Después de cuatro meses estamos tan sólo en el Cuarto Paso. Parece que pasamos mucho tiempo hablando de otras cosas.

Respuesta. Vas bien. No se trata de un plazo fijo. Muchas personas tardarán un año. Otras más y otras menos. No hablaríais de las 'otras cosas' si no tuvieras delante los esquemas que sirven como pretexto del encuentro. ¡Crecemos juntos!

Pregunta. Ahora al hacer discípulos en la iglesia, ¿debemos formar un comité para seguir haciéndolo?

Respuesta. El discipulado depende de la visión y las relaciones que se tienen. Sería conveniente escoger a una persona que se dedique a animar a la gente y a organizar una cena anual o un retiro semestral para promover la visión de hacer discípulos. Unas palabras de ánimo de vez en cuando los domingos nunca va mal y ayuda a fomentar el interés en el discipulado en toda la iglesia. Esto no requiere de poco organización.

REGISTRO DEL PROGRESO

Haz copias de estas evaluaciones según el número de discípulos en los Encuentros.

Para el discipulador
   Las casillas □□ indican los deberes. *Marca la primera casilla cuando das la tarea, la segunda cuando se haya completado.*

Nombre(s) de los discípulos:
   1. _____
   2. _____
   3. _____
   4. _____

PASO 1 – *Seguir a Cristo* *(Página 18)*

   Deberes
   □□ *Apocalipsis 3:20*   □□ *1Juan 5:11-12*
   □□ *Romanos 10:9*   □□ *1Corintios 10:13*
   □□ *Vídeo de Alpha*   □□ *1Juan 1:9*
                              □□ *Juan 16:24*

PASO 2 – *Las bases de ser discípulo* *(Página 20)*

   Deberes
   □□ *2 Timoteo2:2*   □□ *Efesios 2:8-10*
   □□ *Leer Efesios*

PASO 3 – *La rueda* *(Página 23)*

   Deberes
   □□ *Juan 15:5 y la rueda*   □□ *Leer Filipenses*
   □□ *Tiempo a solas con Dios*   □□ *Vídeo Alpha*

45

PASO 4 - El señorío de cristo *(Página 25)*
¿Tus discípulos están orando por otras personas que quieren discipular?

> **Deberes** *(Página 25)*
> ☐☐ Filipenses 2:9-11   ☐☐ Leer Hechos 1 y 2
> ☐☐ Derribar fortalezas   ☐☐ Vídeo Alpha

PASO 5 – El Espíritu Santo *(Página 28)*

> **Deberes**
> ☐☐ *Efesios 5:18*
> ☐☐ *Vídeo Alpha*
> ☐☐ *Fijar un tiempo y reuniros a orar para ser llenos del Espíritu Santo*

Escribe los nombres de las personas que tu discípulo quiere discipular:
_____
_____
_____
_____

PASO 6 – La Palabra de Dios *(Página 30)*
¿Tus discípulos han empezado a discipular a otro(s)? Anímalos a que lo hagan.

> **Deberes**
> ☐☐ *Los libros de la Biblia*   ☐☐ *La figura de la mano*
> ☐☐ *Salmo 119.9-11*   ☐☐ *Vídeo Alpha*

Paso 7 - La oración

Hablar de los discípulos de tus discípulos. Lanza la idea de reunir a todos ellos para conocerse y orar juntos.

> **Deberes** *(Página 32)*
> ☐☐ *Lista de características de Dios*
> ☐☐ *Vídeo Alpha*
> ☐☐ *Completar el gráfico / la tabla*

☐☐ *Filipenses 4:6-7*
☐☐ *Fijar plan de orar por otros* _____

_____
_____
_____
_____

PASO 8 – *Ser testigo* (Página 34)
Anima a cada discípulo en su visión y sus planes de discipular a otros.

Deberes
☐☐ *1 Juan 1:3* ☐☐ *Escribir tu historia personal*
☐☐ *Miqueas 6:8* ☐☐ *Contar tu historia con alguien*
☐☐ *Vídeo Alpha*

PASO 9 – *Vivir en comunidad* (Página 36)
(Orar por tus discípulos en su obra de discipular a otros)

Deberes
☐☐ *1 Juan 1:7* ☐☐ *Vídeo Alpha*

PASO 10 – *El discípulo* (Página 37)
Comenta sobre los esfuerzos de cada uno de discipular a otros.

Deberes
☐☐ *Juan 14:21*
☐☐ *Formular un plan de multiplicar discípulos*
☐☐ *Vídeo Alpha*

ESTUDIA LAS ESCRITURAS

Ahora que has terminado con los Encuentros de Somos y Hacemos Discípulos puedes fortalecer tus conocimientos de las Escrituras a través de los estudios por capítulos ELE *(Estudia Las Escrituras)*.

ELE es un bosquejo a seguir para la preparación personal de un estudio bíblico semanal capítulo por capítulo. Inicia estos estudios una vez acabados los Encuentros de Somos y Hacemos Discípulos.

Recomendamos estos estudios en grupos pequeños, al ser posible, con varios de tus discípulos. El estudio debe durar una hora u hora y media. Una persona diferente puede facilitar el estudio cada vez.

Muchos han encontrado conveniente un estudio de una de las epístolas pastorales, como *2 Timoteo*, porque es más fácil arrancar con un libro corto con capítulos cortos. Uno puede preparase bien en una hora más o menos. *Las instrucciones son sencillas.*

1. ESQUEMA O RESUMEN

Esquema o resumen del capítulo asignado para la semana. Algunas personas prefieren hacer un esquema del capítulo mientras otras se sienten más cómodas con escribir un breve resumen. El resurnen debe limitarse a cinco palabras aproximadamente por versículo. En cualquier de los casos, anota el número del versículo en el margen para poder citarlo durante el estudio.

2. TÍTULO

Cuando hayas terminado de hacer el esquema o resumen del capítulo, podrás pensar en el título que le quieres poner.

3. PASAJES PARALELOS O CONTRASTANTES

Esta es la parte más desafiante. El objetivo es encontrar cuantas referencias posibles, paralelas o contrastantes, en otras partes de la Biblia sin recurrir a las notas en el margen del texto ni a ayudas de estudio en libros o manuales. Ya que esto es difícil sobre todo al principio, recomendamos que se limite esta parte a unos 15 minutos. La práctica de pasar las hojas de la Biblia en busca de algo es un proceso de aprendizaje muy útil.

4. PROBLEMAS
Identifica los problemas reales, cosas que tú no entiendes, y los problemas potenciales, cosas que un nuevo seguidor de Cristo podría tener dificultad en entender. Anota el número de los versículos en el margen. Las personas en el estudio que tienen este asunto resuelto podrán ayudar al que tiene dificultades.

5. APLICACIÓN PERSONAL
Esta es la parte más importante del estudio ELE y debe reflejar cómo el Señor te habla personalmente en tu propio estudio de su Palabra. Es un reflejo de ti, de tu vida, tus necesidades y tu entorno y demuestra tu experiencia del llamado de Dios con el cariño, dirección y consuelo que *El provee*.

ORACIÓN
Paso 1 - Seguir a Cristo

Petición a Dios en oración	Respuesta	Fecha

ORACIÓN
Paso 2 - Las bases de ser discípulo

Petición a Dios en oración	Respuesta	Fecha

ORACIÓN
Paso 3 - La rueda

Petición a Dios en oración	Respuesta	Fecha

ORACIÓN
Paso 4 - El Señorío de Cristo

Petición a Dios en oración	Respuesta	Fecha

ORACIÓN
Paso 5 - El Espíritu Santo

Petición a Dios en oración	Respuesta	Fecha

ORACIÓN
Paso 6 - La Palabra de Dios

Petición a Dios en oración	Respuesta	Fecha

ORACIÓN
Paso 7 - La oración

Petición a Dios en oración	Respuesta	Fecha

ORACIÓN
Paso 8 - Ser testigo

Petición a Dios en oración	Respuesta	Fecha

ORACIÓN
Paso 9 - Vivir en comunidad

Petición a Dios en oración	Respuesta	Fecha

ORACIÓN
Paso 10 - El discípulo

Petición a Dios en oración	Respuesta	Fecha

www.ingramcontent.com/pod-product-compliance
Lightning Source LLC
Chambersburg PA
CBHW071321080526
44587CB00018B/3309